AF573471

ZAÏS,

BALLET-HÉROÏQUE,

REPRÉSENTÉ,

POUR LA PREMIERE FOIS,

PAR L'ACADÉMIE-ROYALE

DE MUSIQUE,

LE JEUDI 29 FÉVRIER 1748.

Repris le 19 Mai 1761.

Et Remis au Théâtre le Mardi 13 Juin 1769.

PRIX XXX. SOLS.

AUX DÉPENS DE L'ACADÉMIE.

A PARIS, Chés DE LORMEL, Imprimeur de ladite Académie, rue du Foin, à l'Image Sainte Genevieve.

On trouvera des Exemplaires du Poeme à la Salle de l'Opera.

M. DCC. LXIX.

AVEC APPROBATION ET PRIVILEGE DU ROI.

Le Poëme est de CAHUSAC.

La Musique est de RAMEAU.

ACTEURS CHANTANTS.

DANS LES CHŒURS.

Côté du Roi.		Côté de la Reine.	
Mesdemoiselles.	*Messieurs.*	*Mesdemoiselles.*	*Messieurs.*
Durand.	Héri.	Hebert.	l'Écuyer.
Guillaume.	Cailteau.	d'Agée.	Albert.
Fontenet.	Candeille.	Jouette.	Tourcati.
le Bourgeois	Van-Hecke.	des Rosieres.	Paris.
Veron.	Vatelin.	de l'Or.	Lagier.
l'Etienne.	Beghaim.	Chenais.	Ghuiot.
Renard.	Larssure.	le Queux.	Capoi.
Girardin.	Fradelle.	Fabri.	Rei.
Prieur.	Martin.	Denis.	Boi.
Beauvernier.	Robin.	Héri.	Laurent, l.
	Méon.		Huet.
	Botson.		Itasse.
	Cleret.		Parant.
	Tacusset.		Royer.
			Baillion.

ACTEURS.

ZAÏS, *Génie de l'air*, M. le Gros.

CINDOR, *Silphe*, *Confident de* *ZAÏS*, M. Durand.

ZÉLIDIE, Mlle. Beaumesnil.

LA GRANDE-PRÊTRESSE DE L'AMOUR, Mlle. du Plant.

L'AMOUR, Mlle. Besse.

UNE SILPHIDE, Mlle. Rosalie.

OROMASÈS, *Roi des Génies*, M. Cassaignade.

SILPHES ET SILPHIDES, *de la Cour de ZAÏS.*

BERGERS ET BERGERES.

PRÊTRESSES DE L'AMOUR.

PEUPLES.

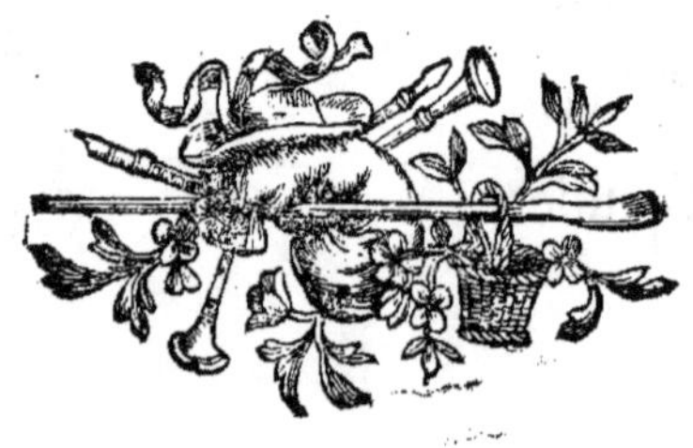

PERSONNAGES DANSANTS.

ACTE PREMIER.

BERGERS, ET BERGERES.

M. SIMONIN, Mlle du PEREI.

Mde. PITROT, M. MALTER, Mlle. MION.

Mrs. Granier, Aubri, Martinet, Gallet, Beaulieu, le Grand, le Roi, Abraham.

Mlles. Adélaïde, la Fond, le Clerc, Riviere, le Roi, de l'Aunai, Adeline, Fonbel.

ACTE SECOND.

GROUPES ANIMÉS.

1er. *Groupe,*	ALCINDOR,	M. GUIMARD.
l'Oracle.	LUCINDE,	Mlle. GARDEL.
2e. *Groupe,*	OLINDE,	M. LEGER.
Zéneide	ZÉNÉIDE,	Mlle. AUDINOT.
3e. *Groupe,*	ZÉLINDOR,	M. des PREAUX.
Zelindor.	ZIRPHÉ,	Mlle. d'ERVIEUX.

COUR DE ZAÏS.

M. ASSELIN.

Ms. Rogier, Riviere, du Pré, Trupti, Lani, Granier, Fay, Hennequin, l.

Mle. de Miré, Gaudot, Grandi, Blondeval, Isoire, Rosete, Auberte.

ACTE TROISIEME.

SILPHES ET SILPHIDES.

M. VESTRIS.

Mlle. AUDINOT, M. SIMONIN, Mlle. D'ERVIEUX.

Mrs. Rogier, Leger, Riviere, du Pré, Trupti, Lani, Fay, Hennequin, l.

Mlles. de Miré, Gaudot, Grandi, Blondeval, Isoire, Rosete, Gillsenan, Auberte.

ACTE QUATRIEME.

BERGERS ET BERGERES.

Mlle. HEJNEL.

M. des PREAUX, Mlle. AUDINOT.

Mrs. du Bois, Granier, Gardel, c., Aubri, Martinet, Gallet, Beaulieu, Abraham.

Mlles. Adélaïde, la Fond, le Clerc, Riviere, de l'Aunai, Adeline, Fonbel, Chassagne.

PASTRES ET PASTOURELLES.

Mlle. ALLARD, M. D'AUBERVAL.

Ms. Giguet, Dossion, la Rue, Caster, Liesse, Hennequin, c.

Mlles. Louison, le Roi, Vernier, Buret, Garnier, de l'Orme.

ZAÏS,

BALLET-HÉROÏQUE.

ACTE PREMIER.

Le Théâtre repréſente le temple de l'Amour ; on voit dans le fond la ſtatue du Dieu.

SCÈNE PREMIERE.

ZAÏS, *en berger*, CINDOR.

CINDOR.

GÉNIE, égal aux Dieux,
Zaïs, aimés comme eux :
Ne prenés de l'amour que ce qu'il a d'aimable ;
Épargnés-vous d'inutiles ſoûpirs :

Sans les fixer jamais, amusés vos desirs.
S'il est une chaîne agréable,
Ce n'est que celle des plaisirs.

ZAÏS.

Connois mieux les douceurs d'un amour véritable.

Tout se change en plaisirs près de l'objèt aimé.
Sa langueur interesse; il ravit, s'il soûpire:
D'une aimable gaîté paroît-il animé,
C'est l'Amour qu'on croit voir soûrire:
A ses accents, l'air qu'on respire
Semble, sans-cèsse, parfumé
Par les tendres soûpirs de Flore & de Zéphire.

Tout se change en plaisirs près de l'objet aimé.

CINDOR.

Les charmes d'une amour nouvelle
Sur vos malheurs pâssés ferment toûjours vos yeux.

Zaïs, pour pouvoir être heureux,
Vous exigés trop d'une belle;
Vous voulés remplir tous ses vœux,
Et qu'elle soit toûjours fidele:
Un tel effort est-il d'une mortelle?

Zaïs, pour pouvoir être heureux,
Vous exigés trop d'une belle.

ZAÏS.

ZAÏS

L'Amour par ce déguiſement,
A déja commencé le bonheur de ma vie.
J'adore une bergere, & ſon âme attendrie....

CINDOR.

Une bergere auſſi peut trahir ſon amant.

ZAÏS.

Sa candeur me promet le bonheur que j'eſpere.

Non, ce n'eſt que dans les hameaux
Qu'on peut trouver un cœur ſincere.

Dans ces aſiles du repos
L'ambitïon eſt étrangere:
Jamais une flâme legere
N'y fait voler les cœurs dans des lïens nouveaux.

Non, ce n'eſt que dans les hameaux
Qu'on peut trouver un cœur ſincere.

Je la vois....fuis, Cindor; ta préſence en ces lieux
De mon déguiſement trahiroit le miſtere.

CINDOR.

Il ſuffit. Je ne ſuis viſible qu'à vos yeux.

(*CINDOR diſparoît.*)

SCÈNE II.

ZAÏS, ZÉLIDIE.

ZAÏS.

AImable Zélidie, un solemnel oracle
Rend chere à nos bergers la fête de ce jour.
Ne venés vous au temple de l'Amour,
Que pour voir ce charmant spectacle ?

ZÉLIDIE.

Zaïs, je ne cherchois que vous.
Pour moi votre tendresse est l'oracle suprême :
Et le spectacle le plus doux
Est de voir l'objet que l'on aime.

ZAÏS.

Le bonheur m'arrête en ces lieux :
Il se refusoit à mes vœux ;
Sans vous il me fuïroit encore.
A mon âme vos tendres feux
Ont été, ce que sont aux Cieux
Les premiers rayons de l'Aurore.

ZÉLIDIE.

Que mon cœur eſt touché de cet heureux retour !
Hélas ! avant de vous connoître,
Mes regards languiſſants erroient dans ce ſéjour :
Je vous vis, & je crus renaître ;
La terre s'embellit des feux de votre amour.

Ce que je vois m'offre, ſans-ceſſe,
Des beautés, dont le charme augmente mon bonheur.
Des oiſeaux la tendre allegreſſe,
Un ruiſſeau qui murmure, une naiſſante fleur,
Tout flate & nourrit ma tendreſſe,
Se pare de vos traits, & vous peint à mon cœur.

ZAÏS.

Que notre ardeur ſoit eternelle,
Et qu'elle augmente chaque jour.

ZAÏS & ZÉLIDIE.

On ne forma jamais une chaîne ſi belle ;
Je ne vis que par mon amour.

(*On entend, dans l'éloignement, le prélude d'une fête.*)

ZAÏS.

Nos bergers, dans ce temple, en foule vont se rendre.
Pour célébrer l'Amour, joignons-nous avec eux.

ZÉLIDIE.

Ce Dieu n'en verra point dont le cœur soit plus tendre,
Ni qu'il ait rendu plus heureux.

SCÈNE III.

ZAÏS, ZÉLIDIE, BERGERS, BERGERES.

(*On danse.*)

LE CHŒUR.

ACcourons tous, que tout s'empresse
D'adorer le Dieu des amants.

ZAÏS & ZÉLIDIE, avec le CHŒUR.

Qu'il nous enchaîne, qu'il nous blesse ;
Qu'il rende heureux tous nos moments.

(*On danse.*)

SCÊNE IV.

LA GRANDE-PRÊTRESSE DE L'AMOUR, PRÊTRESSES, & les ACTEURS PRÉCÉDENTS.

LA GRANDE-PRÊTRESSE.

UNissés vos chants & vos vœux;
L'Amour se plaît à les entendre.
C'est sur vous qu'il aime à répandre
Ses bienfaits les plus précïeux

LES CHŒURS reprennent avec LA PRÊTRESSE.

Unissons nos chants, *&c.*
Unissés vos chants, *&c.*

LA GRANDE PRÊTRESSE, seule.

Tendres bergers, offrés-lui vos présents;
Portés à ses autels vos desirs innocents.

(*La GRANDE-PRÊTRESSE, suivie de ZAÏS & de ZÉLIDIE, couronne la statue du Dieu de guirlandes de fleurs.*)

LA GRANDE-PRÊTEESSE.

Dieu, souverain des Dieux que l'Univers encense,
La fortune offre à ta puissance,

Les plus riches préſents, pour ravir tes faveurs.
De ces bergers la tranquille innocence
Ne porte à tes autels qu'un cœur tendre & des fleurs.

(*On danſe.*)

ZAÏS, ZÉLIDIE, LA GRANDE-PRÊTRESSE, alternativement avec le CHŒUR.

Deſcends des cieux,
Dieu de nos âmes :
Vole, regne ſur nous ; viens embellir ces lieux.
Par-tout où brillent tes flâmes,
On trouve le ſéjour des Dieux.

SCÈNE V.

L'AMOUR, *sur des nuages légers, ornés de guirlandes de fleurs,*

& LES ACTEURS PRÉCÉDENTS.

L'AMOUR.

MA présence prépare à l'empire amoureux
Un exemple touchant & d'illustres modeles.
Vous, qui formés de nouveaux nœuds,
Mérités de fixer sur eux
Mes faveurs immortelles:
Éprouvés l'objet de vos feux.
L'éclat de mon flambeau ne blesse point les yeux
Des amants tendres & fideles:
Plus leurs épreuves sont cruëlles,
Plus leur trïomphe est glorïeux.
L'Amour commande; allés: & remplissés mes vœux.

FIN DU PREMIER ACTE.

ACTE

ACTE SECOND.

Le Théâtre représente le Palais de ZAÏS. *Il est dans les airs.*

SCÈNE PREMIERE.

ZAÏS, *en habit de berger.*

CHarme des cœurs ambitïeux,
Éclat, trop envïé, de la grandeur suprême,
Vous ne sauriés remplir mes vœux :
Pourrai-je être aimé comme j'aime ?

Mes bienfaits font regner le bonheur en ces lieux :
Que me sert-il, hélas ! de faire des heureux,
Si je ne puis l'être moi-même ?

Charme des cœurs ambitïeux,
Éclat, trop envïé, de la grandeur ſuprême,
Vous ne ſauriés remplir mes vœux.

Amour, tu m'as flaté du ſeul bien où j'aſpire;
Mais qu'il doit m'en coûter, hélas, pour l'obtenir!
Tu m'impôſes des loix, dont tu m'entends gémir.
Soûtiens l'eſpoir qui vient me luire;
Et donne-moi la force d'obéir!

SCÊNE II.

ZAÏS, CINDOR, *des fleurs brillantes à la main.*

CINDOR.

ZÉlidie eſt tendre & fidele,
Ne forcés point ſon cœur d'être inconſtant.
Le pâſſé vous répond du ſort qui vous attend:
Pourquoi tenter une épreuve cruëlle?

ZAÏS.

L'Amour commande; il faut ſe ſoûmettre à ſa loi.

Dans ces lieux les zéphirs vont porter Zélidie:
Cindor, pour éprouver ſa foi,

C'eſt à toi que je me confie ;
Mais parois, s'il ſe peut, auſſi tendre que moi.

C I N D O R.

Notre tranquillité ſe fonde
Sur le bonheur préſent, & ſur l'art d'en jouïr.
Laîſſons dans une nuit profonde
Les plaiſirs & les maux que cache l'avenir.

Z A Ï S.

A tes yeux elle va s'offrir :
D'un pouvoir enchanteur flate ſon eſperance ;
Je le laîſſe en tes mains ; qu'il brille en ſa préſence.
Obſcurcis le ſoleil, fais renaître le jour ;
Joins à l'éclat de ma puiſſance
Le charme des plaiſirs qui regne dans ma cour.
Ah ! quel bonheur ſi ſa conſtance
Pouvoit fixer ſur nous les faveurs de l'Amour !

A mes deſirs que votre ardeur reponde,
Volés, Zéphirs, accourés à ma voix.
Que votre zele me ſeconde,
Peuples heureux, qui vivés ſous mes loix.

(ZAÏS *diſparoît ; & dans le même moment les vapeurs légeres répandues dans le palais, laîſſent voir les groupes qui en ſont les ornements. Le premier de ces groupes repréſente l'*ORACLE*, le ſecond* ZÉNEÏDE*, le troiſieme* ZÉLINDOR.)

SCÈNE III.

CINDOR, ZÉLIDIE, *portée par deux groupes de zéphirs.*

CINDOR.

VEnés, aimable Zélidie,
Venés embellir ce séjour.
Vous trïomphés du plus puissant Génie :
Enchaînés sur ses pas les plaisirs & l'Amour.

ZÈLIDIE.

Où suis-je ?.. quel pouvoir suprême
M'a transportée en ces beaux lieux ?

CINDOR.

Daignés recevoir les vœux
D'un Immortel qui vous aime.

Sur les aîles des vents je traversois les airs,
Je vous vis ; & je fus ébloüi de vos charmes....

ZÉLIDIE.

O ciel !... quelles seront, cher Zaïs, tes allarmes !...

CINDOR.

Oubliés un berger, indigne de vos fers.

De ce séjour brillant, ornements insensibles,
Images, du plaisir, animés-vous, vivés.

(*Les groupes de statues s'animent.*)

Célébrés dans vos jeux, sous des formes visibles,
Les douces loix que vous suivés.

SCÈNE IV.

ZÉLIDIE, CINDOR, SILPHES ET SILPHIDES *de la cour de* ZAÏS, STATUES ANIMÉES.

(*On danse.*)

UNE SILPHIDE, *alternativement avec le* CHŒUR.

C'Est l'Amour qui veille
Au bonheur qui nous suit.

Chaque jour qui nous luit
En beauté surpâsse la veille.
Le plaisir nous conseille,
Le penchant nous conduit.

C'est l'Amour qui veille
Au bonheur qui nous suit.

BALLET FIGURÉ.

(*Ce Ballet est formé par les groupes de statues que* CINDOR *vient d'animer. Ces groupes peignent par leurs pas & par leurs figures différentes, l'histoire des tableaux qu'ils représentoient avant d'être animés.*)

LA *SILPHIDE.*

Dans ces lieux charmants l'Amour n'inſpire
Que les jeux rïants & les plaiſirs.

LE *CHŒUR.*

Dans ces lieux charmants, *&c.*

LA *SILPHIDE.*

Nos cœurs ſont heureux ſous ſon empire :
Ce Dieu, d'un ſoûrire
Remplit nos deſirs.

LE *CHŒUR.*

Nos cœurs ſont heureux, *&c.*

LA *SILPHIDE.*

A ſes traits cedons, ſans peine ;
De nos beaux jours ils ſont ſeuls les douceurs.
Doit-on redouter la chaîne
Qui nous ſoûmet au plus doux des vainqueurs ?
Les vrais biens, pour une âme tendre
Sont ceux que ſa main ſait répandre ;
Il n'en eſt point, ſans ſes faveurs.

LA *SILPHIDE, alternativement avec le CHŒUR.*

Dans ces lieux charmants, *&c.*

(*On danſe.*)

CINDOR, à ZÉLIDIE.

Tout ce que le Soleil éclaire
Sous mes ordres vient ſe ranger.

Ma grandeur me deviendra chere,
Si vous daignés la partager.

ZÉLIDIE.

Hélas ! est-ce à moi de vous plaire ?
Ai-je un cœur qui puisse changer ?
Je suis une simple bergere ;
Je ne dois aimer qu'un berger.

CINDOR.

De ma puissance souveraine
Voyés les effets éclatants.

Aquilons, rompés votre chaîne :
Que la foudre s'allume, & vole avec les vents.

CINDOR, *avec* LES CHŒURS.

Aquilons, rompés votre chaîne :
Que la foudre s'allume, & vole avec les vents.

CINDOR.

Ma loi suprême les déchaîne.

(*Le fond du théâtre s'obscurcit. Des nuages s'élévent rapidement dans la perspective ; les éclairs partent du sein de ces nuages, & la foudre s'élance de bas en haut en jèts de feu. Le tonnerre gronde sous cette partie du théâtre.*)

ZÉLIDIE.

Ciel, quels éclats ! quelle terreur soudaine !

CINDOR.

On ne connoît ici le trouble ni l'effroi ;
Ce n'eſt que ſous nos piés qu'éclate le tonnerre.

ZÉLIDIE.

Hélas ! je ne crains rien pour moi ;
Mais mon amant eſt ſur la terre.

CINDOR.

Vous craignés, il ſuffit ; & vos vœux ſont ma loi.
Zéphirs, calmés la terre & l'onde ;
Qu'à la nuit ſuccede un beau jour.
Oiſeaux, dans une paix profonde,
Chantés Zélidie & l'amour.

CHŒUR.

Zéphirs, calmés la terre & l'onde ; &c.

(Pendant ce Chœur, les nuages qu'on voyoit ſe diſſipent, & l'horiſon devient parfaitement ſerein ; on entend le chant des oiſeaux.)

(On danſe.)

CINDOR.

Pour les mortels les plus heureux
Il n'eſt point de jour ſans nüage.
Nous rïons ici de l'orage
Qui ne ſe forme que pour eux.

(On danſe.)

CINDOR, avec LE CHŒUR.

Pour les mortels les plus heureux
Il n'est point de jour sans nüage, &c.

SCÈNE V.

CINDOR, ZÉLIDIE.

CINDOR.

Cédés à mes soûpirs ; tout vous rendra les armes :
Vos traits seront encor, s'il se peut, embellis.

ZÉLIDIE.

C'est assés de mes foibles charmes ;
Je leur dois l'amour de Zaïs.

CINDOR.

Une fraîcheur toûjours nouvelle
Éternisera vos appas ;
Et je vais vous rendre immortelle.

ZÉLIDIE.

Qu'entens-je ? o ciel ! .. quelle peine cruëlle !
Zaïs pourroit mourir, & je ne mourrois pas !

CINDOR.

Connoiſſés un cœur qui vous aime,
Avant de l'accâbler de refus offençants.
Ne tentés point pour fuir des efforts impuiſſants;
Mais vivés en ces lieux, maîtreſſe de vous-même.
A qui ſe pare de ces fleurs
Rien ne ſauroit déſobéir, ou nuire:
Pour voir remplir ſes vœux, il ſuffit qu'on deſire.
De leur pouvoir éprouvés les douceurs;
Vous ſerés libre après de quitter cet empire.

(CINDOR *donne à* ZÉLIDIE *les fleurs qu'il portoit, & il ſe retire.*)

SCENE VI.

ZÉLIDIE, *seule.*

O ciel ! croirai-je ses discours ! ..
Quoi ! je verrois remplir tous les vœux de mon âme ! ..
Le pouvoir de ces fleurs .... s'il éteignoit ma flâme ! ...
Je tremble ! ... non, Zaïs, je t'aimerai toûjours.
Contre le beau feu qui m'enflâme
La puissance suprême est un foible secours.
Ah ! que ne peux-tu voir l'excès de mes allarmes !
Qu'elles prouvent bien mon amour !
J'aurois moins à gémir dans ce fatal séjour,
Si tu jouïssois de mes larmes.

SCÈNE VII.

ZAÏS, *en Berger*, ZÉLIDIE.

ZÉLIDIE.

CIel ! eſt-ce vous ? en croirai-je mes yeux?..
On ne me flattoit point d'une eſperance vaine.

ZAÏS.

Belle Zélidie, en ces lieux
Un pouvoir inconnu m'entraîne.
Je vous vois & je ſuis heureux.

ZÉLIDIE.

Vous ignorés les maux dont le ſort nous accâble.
Jugés quelles ſont ſes rigueurs :
Je vous vois, je vous parle, & je verſe des pleurs.

ZAÏS.

Que dois-je craindre, o ciel ?

ZÉLIDIE.

Un rival redoutable.
S'il vous ſurprenoit... je frémis ! .
Comptés ſur mon amour, & fuyés, cher Zaïs.

ZAÏS.

Moi, vous fuïr !.. quel ordre funeste !

ZÉLIDIE.

Je tremble... éloignés-vous, Zaïs, de ce palais...
Fuyés..* prenés ces fleurs, ne les quittés jamais.
Puissent-elles sauver le seul bien qui me reste !

(* *ZÉLIDIE donne à ZAÏS le bouquet enchanté, qu'elle a reçu de CINDOR, & elle l'entraîne hors du théâtre.*)

FIN DU SECOND ACTE.

ACTE TROISIEME.

Le Théâtre repréſente le Palais de ZAÏS.

SCÈNE PREMIERE.

CINDOR, ZAÏS, *en berger, un bandeau de pierreries à la main.*

CINDOR.

Vous êtes obéi. Par des allarmes vaines
J'ai troublé ſon eſprit, ſans fléchir ſes rigueurs.
Elle croit, qu'ébloui du pouvoir de ces fleurs,
Son berger forme d'autres chaînes:
Et lorſque tout aigrit ſes peines,
Elle adore l'ingrat, qui fait coûler ſes pleurs.

ZAÏS.

Aux plaisirs que je sens, à ces transports flateurs
Je reconnois ma flâme, & le Dieu qui m'inspire.

Vole, enchante mon cœur, espoir delicïeux!
Viens peindre à mes desirs le bonheur où j'aspire.
Sur l'objet de mes tendres feux
J'aurois toûjours le même empire!
Rien ne partageroit ses feux;
Mon amour pourroit lui suffire!

Vole, enchante mon cœur, espoir délicïeux!
Viens peindre à mes desirs le bonheur où j'aspire.

CINDOR.

Qu'attendés-vous? soyés heureux.

ZAÏS.

Je veux voir Zélidie, & l'éprouver moi-même.
Par un charme puissant, à ses yeux désormais,
Ce bandeau merveilleux va m'offrir sous tes traits.

CINDOR.

Ménagés un cœur qui vous aime,
Ou craignés de justes revers.
Quand on sent le poids de ses fers,
On goûte à les brîser une douceur extrême.

ZAÏS

ZAÏS.

Ses peines déchirent mon cœur.

Aimable & cher objet de la plus vive ardeur,
Pardonne-moi les pleurs que je te fais répandre.
L'Amour t'offre, à ce prix, un trïomphe flateur,
Et la félicité de l'amant le plus tendre.

Naiſſés, par mes enchantements,
Naiſſés, aimables fleurs, agréable verdure:
Que les tréſors de l'art & ceux de la nature
Cedent à mes commandements.

(*Le théâtre change, & repréſente des jardins.*)

Un charme va guider la beauté qui m'engage
Dans ces jardins délicïeux.
Sous mille traits rïants, mes peuples, dans leurs jeux,
Vont lui peindre l'amour volage.
Puiſſe-t-il, comme à moi, lui paroître odïeux!

(*Ils ſortent.*)

SCÈNE II.

ZÉLIDIE, seule.

COûlés, mes pleurs; l'ingrat que j'aime
Trahit ma flâme & ses serments.
Cruël Amour! dans les premiers moments,
De tes nœuds le charme est extrême;
Mais bien-tôt, pour changer leurs douceurs en tourments,
Tu te sers de nos bienfaits même.

Coûlés mes pleurs; l'ingrat que j'aime
Trahit ma flâme & ses serments.

SCÈNE III.

ZÉLIDIE. *Chœur qu'on entend & qu'on ne voit point.*

CHŒUR, derriere le théâtre.

CÉlébrons la victoire
D'un heureux berger :
Son cœur au plaisir de changer
Unit encor les charmes de la gloire.

ZÉLIDIE.

Cruël, dans ce fatal sejour
Tu perds le soûvenir de tes premieres chaînes !
Pourquoi ne puis-je, hélas ! t'oublïer à mon tour !
Ici tout redouble mes peines,
Et rien n'affoiblit mon amour.

SCÈNE IV.

ZÉLIDIE, SILPHES & SILPHIDES.

ENTRÉE DE SILPHES.

CHŒUR de SILPHES.

QUe Zaïs est heureux !
Une immortelle
Partage ses feux.

ZÉLIDIE.

Quel tourment rigoureux !
Un infidele
Forme d'autres nœuds.

BALLET FIGURÉ.

(Il peint la légereté & l'inconstance.)

UNE SILPHIDE, alternativement avec le CHŒUR.

Aimons, jouïssons de la vie;
Mais ne portons que des fers glorïeux.
C'est la chaîne qui nous lie
Qui fixe sur nous tous les yeux;

Et ſelon l'objet de nos feux,
L'amour eſt ſageſſe ou folie.
Aimons, jouïſſons de la vie;
Mais ne portons que des fers glorïeux.

(On danſe.)

ZÉLIDIE.

Leurs concerts & leurs jeux aigriſſent mes douleurs.

(*Aux* SILPHES.)

Ayés pitié de ma foibleſſe:
Vous déchirés un cœur, trop plein de ſa tendreſſe.
Souffrés qu'en liberté je pleure mes malheurs.

SCÈNE V.

ZAÏS, *revêtu d'un habit éclatant, & portant sur le front, le bandeau de pierreries qui le fait paroître sous les traits de* CINDOR.

ZÉLIDIE, *Cour de* ZAÏS.

ZAÏS, *dans le fond du Théâtre.*

QU'aux loix de Zélidie ici tout obéisse.

(*La Cour de* ZAÏS *disparoît.*)

SCÈNE VI.

ZAÏS, *cru* CINDOR, ZÉLIDIE.

ZÉLIDIE, sur le devant du Théâtre.

C'Est Cindor... quel nouveau supplice!

ZAÏS, cru CINDOR

Cessés de soûpirer ; quand vous pouvés punir :
Ne songés plus qu'à la vengeance.
Je viens, contre un ingrat qui vous ôse trahir,
Vous offrir toute ma puissance.

ZÉLIDIE.

Jugés si je l'aimois ; je l'adore infidele.

ZAÏS, cru CINDOR.

L'amour à vos appas offre des nœuds plus doux :
Formés une chaîne nouvelle.
On doit sentir le prix d'une flâme immortelle,
Quand on sait aimer comme vous.

ZÉLIDIE.

Hélas! qu'une âme tendre
Est un cruël présent des Dieux!

Un penchant trop flateur, trop doux, pour s'en défendre,
L'expôse à des maux rigoureux.
Hélas! qu'une âme tendre
Est un cruël présent des Dieux!

ZAÏS, *cru* CINDOR.

(*A part le premier vers.*)

J'oppôse à ses regrèts une fermeté vaine...
Zélidie!.. eh c'est moi qui cause votre peine?
J'ai pu vous expôser à ces vives douleurs!

ZÉLIDIE.

Cruël Cindor! sans vous... Mais quel charme m'entraîne!..
Contre lui vainement je cherche des rigueurs;
Mon cœur se refuse à la haîne...
Et mes yeux, malgré moi, se remplissent de pleurs.

ZAÏS, *cru* CINDOR, *à part.*

Qu'entends-je? je frémis! Cindor pourroit lui plaire!

ZÉLIDIE, *à part.*

D'où peut naître ce changement?..
D'un charme trop fatal je perce le mistere.

Ici

Ici tout eſt enchantement...

(*à* Z*aïs*, *cru* C*indor*.)

Par une illuſïon, ſans doute auſſi cruëlle,
Vous vous flatés d'entraîner mon amant...
Ah! Zaïs n'eſt point infidele;
Vous nous trompés tous deux; je n'en crois que mon cœur.
N'en crois point, à ton tour, une funeſte erreur,
Cher amant! je te jure une ardeur éternelle.

ZAÏS.

Zélidie, arrêtés!..

ZÉLIDIE.

Non, cruël, je te fuis;
N'eſpere pas de me ſurprendre.
Ôſe me faire voir Zaïs;
Ce n'eſt que devant lui que je pourrai t'entendre.

(*Elle ſort.*)

SCÈNE VII.

ZAÏS, *ſeul.*

AMour ! elle trïomphe, & tes vœux ſont remplis.
Fut-il jamais une amante ſi tendre !
Courons terminer ſes ennuis.

FIN DU TROISIEME ACTE.

ACTE QUATRIEME.

Le Théâtre représente le Palais de ZAÏS.

SCÈNE PREMIERE.

ZAÏS, ZÉLIDIE.

(*ZAÏS a quitté le bandeau de pierreries qui le faisoit paroître sous les traits de* CINDOR.)

ZÉLIDIE.

QU'entends-je ? quoi, Zaïs, cette cour immortelle...

ZAÏS.

Va faire son bonheur de prévenir vos vœux,

Vous régnés sur mon cœur, vous regnerés sur elle;
Oui, c'est l'amant le plus fidele
Que vous rendés le plus heureux.

ZÉLIDIE.

Zaïs, mon cœur ne sauroit feindre;
J'étois heureuse, & je ne le suis plus.
Inquïete, tremblante, & sans ôser me plaindre,
Je pâsserai mes jours, de trouble combatus,
Peut-être à vous pleurer, ou du-moins à vous craindre.

Zaïs, mon cœur ne sauroit feindre;
J'étois heureuse, & je ne le suis plus.

ZAÏS.

Vous n'êtes point heureuse!.. eh! comment puis-je l'être,
Si ce que j'aime ne l'est pas?..
Vous ne verriés Zaïs que comme un maître!
Ah! mon cœur, à son tour, doit se faire connoître.
Votre exemple m'éclaire, & je suivrai vos pas.

(Il prend l'anneau misterieux, dans lequel réside toute la puissance des Génies.)

Appui de mon pouvoir suprême,
Anneau mistérïeux, & vous, pompeuse cour,

Je vous immole à mon amour :
Le véritable amour ſe ſuffit à lui-même.

(Zaïs romt l'anneau. Le Ciel s'obſcurcit. On entend un éclat de tonnerre, le palais s'abîme, & le théâtre repréſente un deſert.)

Ma chere Zélidie !

ZÉLIDIE.

Ah, Zaïs ! cher Zaïs !

ZAÏS.

Calmés l'effroi dont vos ſens ſont ſaiſis.

ZÉLIDIE.

Hélas ! que venés-vous de faire ?

ZAÏS.

Le ſacrifice le plus doux.

Je ne vivrai que pour vous plaire ;
Et j'aurai la douceur de mourir avec vous.

ZÉLIDIE.

Quoi ! pour l'heureuſe Zélidie
Vous renoncés au ſuprême pouvoir !
A vous adorer, à vous voir
Je paſſerai tous les jours de ma vie.

(*On entend un bruit éclatant ; pendant lequel un nuage épais paroît dans le fond du théâtre & le couvre.*)

ZAÏS, ZÉLIDIE.

Quel nüage obcurcit les airs !

ZÉLIDIE.

Dieux ! n'eſt-ce pas aſſés des maux que j'ai ſoufferts ?

SCÈNE II.

(*Le nuage s'entrouvre.* OROMASÈS, *Roi des Génies, paroît sur un trône éclatant.*)

OROMASÈS, ZAÏS & ZÉLIDIE, &c.

ZAÏS.

O Ciel! Oromasès, le souverain Génie!

OROMASÈS.

La terre vous admire, & les Dieux sont pour vous.
Je viens remplir les vœux du plus puissant de tous.
L'Amour vous inspiroit, l'Amour vous justifie.
Zaïs, reprends tes droits; toi, tendre Zélidie,
Sois immortelle comme nous.
La mort doit respecter une si belle vie.

ZAÏS, ZÉLIDIE.

Je ne crains plus pour vous; que mon sort est heureux!

OROMASÈS.

Deserts, disparoissés; que ces lieux s'embellissent.

(Le desert disparoît, & à sa place on voit une campagne agréable.)

Peuples, de ces amants célébrés les beaux nœuds:
Que les mortels leur applaudissent;
Qu'ils servent de modele aux Dieux.

(OROMASÈS disparoît.)

SCÈNE III.

ZAÏS, ZÉLIDIE.

Cour de ZAÏS.

CHŒUR.

DE nos concerts que les airs retentiſſent :
Chantons, chantons de ſi beaux nœuds.
Que les mortels leur applaudiſſent ;
Qu'ils ſervent de modele aux Dieux !

(*On danſe.*)

ZAÏS.

Témoins de mes feux,
Accourés, bergers, en ces lieux :
Que ma tendreſſe éclate à vos yeux.

SCÈNE DERNIERE.

LES ACTEURS PRÉCÉDENTS, BERGERS & BERGERES, PASTRES & PASTOURELLES.

(*Ballet qui se forme entre les* BERGERS *& les* PASTRES.)

ZAÏS.

Regne, Amour, lance tes traits;
Regne, regne à-jamais:
Mon bonheur fait ta gloire.
Le prix de ta victoire
Est pour les cœurs que tu soumets.
Regne, Amour, &c.

(*Une Contredanse génerale finit l'Opera.*)

FIN.

APPROBATION.

J'Ai lu par ordre de M. le Chancelier une réimpression de ZAÏS, *Ballet-Héroïque.* A Paris, ce 10 Mai 1769.

DUCLOS.

www.ingramcontent.com/pod-product-compliance
Lightning Source LLC
LaVergne TN
LVHW050454160826
845677LV00003B/783
9782329662848